farbgezeiten

gedichte

Ulrich Berber

Bibliografische Information der Deutschen Nationalbibliothek: Die Deutsche Nationalbibliothek verzeichnet diese Publikation in der Deutschen Nationalbibliografie; detaillierte bibliografische Daten sind im Internet über dnb.dnb.de abrufbar.

Verlag: BoD · Books on Demand GmbH,
In de Tarpen 42, 22848 Norderstedt

Druck: Libri Plureos GmbH,
Friedensallee 273, 22763 Hamburg

ISBN: 978-3-7693-1579-0

für Karl, den besten aller Freunde,
der die große, wunderbare Gabe hat,
Mut zu entfachen,

für meine Kinder

und

für Clarissa

I.

Die Entfernung hemmt nicht der Seelen
stete Verbindung.

Friedrich Nietzsche

menetekel

dein wort war gewogen,

wie altes gebein

zum orakel fallend,

ein erster stein

mein gedankenfluss

schichtete eis am wehr,

starre blicke, bleich und schwer

ich fliehe dem kuss,

knöchern weiß

steht

ein wald unterm meer

wilder tagtraum

mir klagten heute die glieder,

da hungerte es mich ungezügelt

das blaue pferd

mit dir ins ungewisse zu reiten

wir folgten den alten affen

angeschwollen herzend die hügel,

äpfel pflückend im augenwinkel

die hufe schlügen funken

ins trockene gras

da nähmen die schlangen reißaus

und schwärme flögen auf

wir leuchteten der nacht heim

und straften die nornen lügen

wie der bach

stolperten wir über steine,

die das mädesüß versteckt

und fielen verschlungen

unter die weiden

fadenspiel

wie morgentau flüchtig

spinnt deiner augen gesang

schwarzen salamander

und walnussschalenbraun

an den händen

lecken wir die finger

bis in den schlaf der zwischenräume

hält das riesenrad inne

den traum

am scheitelpunkt

schmeicheln alle lippen dem vers

aus den ranken im schoß

wohin wir suchen

im nehmen

flehend um erlösung

aus den ketten der tage

rechnet sich die freiheit auf

fein abgewogen

am faden

spiel bis

das zärtliche wort ausblutet

und wir nur noch lecken

wunden

schon vergiftet

wie quecksilber schön

war der erste kuss

erwidert

seelenstrand

ewige wellen
alle stunden

mahlen strand
stein zu sand

am meeresrand
deine seele gefunden

steine und seelen
voll wellenwunden

in meiner hand
alle seelenstunden

unter deiner haut

(crescendo)

ineinander

gebären unsere sterne

ein ewiges lied

wir dirigieren

das große orchester

nackt

das gras,

die sonne und das meer

unter deiner haut

ist alle macht

nur seele

freier fall

in den zwischenräumen
halte ich das haltlose fern
und halte aus

schau,
feine wortfäden webe ich dir
vom seelenbaum

spring nur
du wirst nicht fallen

nichts weniger

zähl wellen mit mir

die hände im feuchten sand

du beschwörst meine flut herbei

und ich deine

und wieder und wieder

ruf mich zurück

wenn ich im dunkel

die kleinen tode sterbe

wieder und wieder

nichts weniger

biographie

zwischen stern und skorpion

kartographierst du

quellen und flüsse

ebenen und hügel

alle wege führen nach süden

zwischen den wendekreisen

zum äquator

dein finger die feder

die tinte angemischt

aus liebevoller lust

phönixe

mit meinem zeigefinger

schlage ich funken

aus der mitte deiner hand

deine lippen hauchen

die glut zur flamme

dann brennt der wilde garten

unserer körper

aus der asche

steigen wir

als feuervögel auf

frühsommer

nie vergesse ich

dein lachen an dem tag

im lindenblütenregen

wir barfuß tanzend

auf dem warmen asphalt

dein lachen und dieser honigduft

waren eins

so zart und mächtig zugleich

regen und sonne waren eins

und wir waren all dies und eins

seit diesem tag

schmecke ich immer auch die linde

wenn ich von dir koste

betrinken

nichts berauscht mich mehr

als von dir zu trinken

geborgen zwischen deinen schenkeln

wie erich fried uns lehrte

dass wir uns für nichts schämen müssen

auch bei dem viel ist

quell

schöpf aus diesem brunnen

er ist übervoll

und trink

trink dich satt

schmeck die tränen

und den wein,

das blut und den schweiß,

das schwarz in meinen augen,

die hoffnung von der stirn

trink dich satt,

es strömt alles nach von dir

anima vera

deine hände

begruben einst

meine angst,

    brachten heilende frucht

        von deinem seelenbaum,

            löwenherzen dann,

        dem pfau das rad stehlend

doch wüst und öde ist´s nun da

der hain gerodet über den quellen,

der wurzelstock vertrocknet,

im wind hörst du

nur zaubersprüche

am ende der sprache

alle worte

für den großen hunger verdursten

auf dem weg zu dir

    dein herz ein pfau,

        die löwen im zirkus

kleine klage

kein tintenblutschmerz mehr

und keine herzmelodie

im rhythmus

mechanischer anschläge

die sehnsucht

nach dem eintreffen der post

ist eine unbekannte dieser tage

dein emojiherz

erwarte ich stündlich

zur wiedervorlage

mein eros-icon bleckt blöde

seine zunge

konstellation

zu viele monde kreisen

eingefangen

auf deinen umlaufbahnen

beschwören

in ihren konjunktionen

ungeheure springfluten

die reißen

alle brücken ein

errichtet über deinen abgründen

altersdemut

gewiss wird sie kommen,

wenn ein vergessener mantel erinnert

an die spaziergänge

unserer frühlingsherzen,

die zerwühlten sommerbetten,

die herbstfeuer

darum lass

uns noch einmal sieben

die asche unserer lügen

die hand voll körner mag uns reichen

für einen garten,

der satt macht

bis zu der unvorbereiteten stunde

im winter,

in der einer von uns

am grab des anderen steht

elegie

was ich zu grabe trage

reichte für ein halbes sein

der sarg angefüllt

mit den geschenkten leben

ungepflückter blumen

den verlorenen liedern

den ungeküssten nächten

der anderen tage

sinnlos

die schweren ketten

kein seelensiegel hält

die totenglocke vom herz

ich weiss

aus dieser grube

werden geister auferstehen

die mich zum tanze rufen

an die nie aufgesuchten horte

der glückseligkeit

fenster nach osten

kurz bevor

die nacht nach westen flüchtet

und sich die erste trompete

in das dunkle trommeln der stadt mischt,

(noch lange

vor den abergläubischen glocken)

für die kleine weile

der fahrt auf dem alten karussell

immer dann und so lange

hoffe ich dich herbei

vor dem stillen grauen des morgens

gegen jede vernunft

bis die erinnerung

alle fahrscheine aufbraucht

wachsen

das eine jahr verjüngt

sich meine domestizierte seele

wie das fell eines alten esels

nach dem winter

das andere jahr

häute ich mich

wie die urfreie schlange

fahrkarte

am bahnhof lebt das irgendwann,

atmet rostiges eisen,

wer nicht bleiben kann,

muss reisen

dein bündel wog schwer

seit kindertagen,

jetzt noch mehr,

das hätteseindürfen zu tragen

unten im sack

glänzen perlmuttscherben,

dein rücken wird schmerzen,

erinnerung sterben

der sommerlinde samen

schwebt herab in kreisen,

was nicht bleiben kann,

muss reisen

das jahr zergeht,

ich bin geblieben,

wie rauch verweht,

nichts steht geschrieben

mein denken folgt

den eisenbahngleisen,

wer nicht bleiben kann,

muss reisen

warten vergeblich

feuerroten libellen folgten wir

und fingen uns

augäpfel zuwerfend

ins hohe gras

wie du mir spielst

das lieben der hände

schmeckte nach

mädesüß und minze

wir waren weide über dem fluss

küsse aus schattenspiel auf silberwellen

wieder wolltest du kommen,

wenn die beeren reif sind

schon warnte der eichelhäher

lauter als die trommelherzen

vom abschied wussten

wir beide nichts

oft kehre ich zurück dorthin

trage alles

eckendunkel ins grüne licht

und horche und warte

versuchung

gesteinigt spiegelt der see

von scherbenwolken nur silberglimmer

versucht bin ich

den vers zu verkleiden

zum spruch im hexenkreis

mir entflammt ein dämon

von engelsgesicht und rabenauge

mit worten aus spinnenseide

flüstere ich dir

uralte geheimnisse

unwiderstehlich

zur verwandlung

einen koraktor voller zauberworte

der verbindung durch raum und zeit

unendlicher reise und der prophezeiung

dem wesenskern der seelen

und unserer erleuchtung

doch nimmer verrate ich das gelb

an unseren nasen vom hollunder

oder den salamander in deiner hand

still das wasser

die weide ist weide

und ich ringe weiter

um die wahrheit im vers

II.

und das meer schlug mit dem kopf

gegen die felsblöcke.

Jan Skácel

dezemberrose

(alter friedhof in Johannis, Nürnberg)

der letzte zarte hauch

so betörend vergeudet

an die dezemberkälte

    - beinahe erloschen das feuerrot

beschwört die erinnerung

an unseren sommer herbei

    - wir verbluten an den dornen

     deiner frühen tage

der geisterrose allerletzte blüte

trinkt unter gräbern

an der pegnitz

märzsonnenstrahlen

spiegeln

tausende blendend helle

goldsilbertropfen

tanzend

auf die wellen

unbeirrt taucht

der schwanenhals ein

in kreisen

verneigt sich

der glitzernde fluss

frühling im wiesenttal

am wiesenrand

wirft der wind wellen

von schlehenschaum

an den wald

und mit der sonnenwärne

wendet sich das äußere nach innen,

vom rotkehlchen lernen

dem zärtlichen wort

auch in die dornenhecke

ein nest zu bauen

die ringelnatter beim sonnenbad stören

und denken, es wäre nur gerecht,

jetzt die frösche zu warnen

botanischer garten in Bayreuth

der raubzug der libelle
am teich stört nichts
frieden pflanzten die gärtner
unter alles das wächst

dem traum von eintracht
unterschiedslos
woher der same stammt
geben bäume und blumen
hier macht

die weisheit des apfelbaums:
er schenkt sich allen
kein eifersüchtiger gott
vertreibt dich aus dem garten

alter friedhof in Johannis

(in Nürnberg)

trotzig zeichnet das moos

die gravuren

auf den steinernen sarkophagen nach

die deckplatten so schwer

als hätten die nachfahren angst,

die toten könnten wirklich auferstehen

Giardino delle Rose (Florenz)

die hitze schlägt dich

in den schatten am teich,

müdigkeit mahlen die schweren düfte

sachte summen im ohr

die klagen der rosen:

gezähmt sind die dornen,

beschnitten die triebe,

geplant unsere blüte,

die ranken gebunden,

verboten, uns zu schenken der liebsten

und immer zu

wetteifern

die wilden eidechsen

flucht nach und aus Florenz

ich erinnere mich an die jungen

farbenfroh gekleideten afrikaner

über der stadt

am Piazzale Michelangelo

in schwindelnder höhe

eine tribüne errichtend:

der bauzaun ein gefängnis

unten in der stadt

über dem Arno

die Ponte Vecchio

von bibeltreuen amerikanern besetzt

bevor sie hinaufsteigen

zum spektakel

der hochkultur

Val Nambrone

das meer beginnt

am hohen schnee

donnernd

nimmt es am wasserfall

die brandung der fernen küste

vorweg

du sagst

das türkisblau des bergsees

gleiche dem Atlantik

vor den Bahamas

was uns trennt

verbindet die see

leuchtturm am Butt of Lewis

(Outer Hebrides)

über und am ende

einer welt

trägt die insel

hier die schlanke krone

des sturmvogelkönigreichs

mit liedern aus brandung und gischt

und dem sphärenchor der sturmstimmen

huldigt ihr der atlantik

einmal nur

mit den möwen hinausfliegen

in den highlands

voll sanftmut küsste

der morgen

den sturm zu ruhe

nordwinds nachhut

letzte paukenschläge

am fenster

klirren beinahe zärtlich

durch erdiges braun und kupfer

strömen neue wässer

dem atlantik zu

einem orkan trotzen:

widerstand lernen

aus dem wuchs der bäume

III.

53

Mit meiner verbrannten Hand schreibe

ich von der Natur des Feuers.

Ingeborg Bachmann

aussaat

dieser tage entfliehen

meine wörter dem satzbau

stehlen sich heimlich

auf die wortfelder

und säen aus

ich harre der ernte

die reifen früchte

werden unsere

hungrigen seelen

satt lieben

versverzicht

vor meinem fenster

über den blattlosen linden

ziehen wörterwolken ostwärts

kein vers regnet sich ab

krähen besetzen den first

halten links und rechts eine armlänge

exakten abstand zueinander

entschieden im verzicht

nichtsgedicht

wenn die trüben blubberblasen

meiner geistigen fumarole

vom grund des denkozeans

zur oberfläche steigen

im äther

des allesgedachten zerplatzen

entsteht meist

nichts

seelenbaum

es stimmt schon,

verse wachsen in der stille

aber die samen,

lieber freund,

die samen pflückst du

am seelenbaum

und immer bleibt

eine kleine wunde

die harzt und dornt

strandräuber

mißtrauisch beäugt die möwe
meinen raubzug

ich plündere
der flutlinie folgend
alle muschelburgen
unbesorgt
die wellen werden die spur verwischen
und neue türme bauen

meine taschen stopfe ich voll
horizont,
gischtsilberweiß,
strandkrabbengebein

und

alle worte vom meer,

vom munde abgespart,

damit sie später

wahr.

werden

alle worte vom meer,

IV.

Laß mich heute nicht nach Hause gehen,

Bis der Schatten ganz vorüber ist.

Denn solange du noch bei mir bist,

Fühle ich, es kann mir nichts geschehen.

Mascha Kaléko

im augenblick

was ich sehen kann
und du nicht,
weshalb du verstehen kannst
und ich nicht,
wohin wir beide fliehen

und was uns beiden verborgen bleibt,
welches du mich nicht sehen lässt
und wovor ich die augen schließe,
weshalb es dich tanzt
und mich lähmt,

worüber du hinweg siehst
und was ich durchschaue,
was ich verlor

und du gefunden hast,
wonach ich mich sehne
64

und du nicht aufgibst,
welche wünsche vergessen sind
am morgen,
wovon wir beide teilen oder nicht,
wie es weh tut und wie es heilt,

wo wir wahr sind,
wann wir stiefel tragen
oder barfuß laufen im herzen
worüber scherben gestreut
im augenblick

farbgezeiten

strahlendes schwefelgelb

lockt

sattes ocker

leuchtendes lapislazuliblau

kontert

glänzendes walgrau

süßes himbeermarmeladenrot (brot)

sucht

schwärzestes vanilleschwarz

feines tabakbraun schmilzt

in hungrigem pink

zerbeultes 2CVblau

weil

warmfeuchtes zartrosa zerkaut

stürmisches atlantikgrün

küsst

trübes granatrot

schwitziges mehlweiß am ende

dieser tanz

jedes wort ein schritt

wort für wort

schritt für schritt

aus deiner und meiner

hand und feder

geführt

keine pirouetten mehr

nicht im kreis nicht im kreis

zur mitte hin

zur mitte

jede wahrheit tanzt sich leicht

die lüge ist aus dem takt

vorüber

zwischen

deinem und meinem ufer

der strom

jeden tag breiter

für brücken zu tief

das fliegen

haben wir verlernt

und gegen aberglauben

lässt sich nicht anschwimmen

hinterlist

erst vergisst du
dann suchst du
verdächtigst
die andern
findest
alles
nicht entschuldigt
nicht entschuldbar
sie hätten ja
und vielleicht doch
verziehen ist dir
von mir
dem andern

hinrichtung

wer einmal gehört hat,

wie sensen geschärft werden,

das gras muss fallen ohne widerstand,

dissonantes, quälendes, schrilles

schaben

durch mark und bein,

der wird auf der hut sein,

wenn dieser ton reden trägt,

geschliffen

hingerichtet werden soll

mit einem satz

ohne widerstand

wortlos

als wären sie gebunden

an unsichtbaren riemen

sie stecken fest

gestutzte flügel jedes wort

augenlose blicke

was hörst du

wenn du mich schreien hörst

so leise

wortlos im dunkel

schweres los

so gerissen
gelassen
los! gelassen
losgelassen

geh lass los
lass los und geh
losgelassen

los! los!
geh geh
lass es
nicht
los
gerissen

kindertraum

nebelschlange im tal

dich lad ich ein

komm herauf und hüll mich ein

lass dem morgenwind

die wahl

flieh der sonne nur

geschwind

(rette dieses kind)

weil ohne schatten und ganz nebelleise

folgt uns niemand

auf die reise

junger hunger

der tag würzt sich

mit der erinnerung

an den geruch von telefonzellen,

freibad-pommes und tabakfinger,

zimt und vanille,

dieselabgas

und verstohlenen blicken

junge hähne scharren

wie hungrig

wir waren

strandräuber II.

ihr schreiten

gleicht dem kranich

ihr hinabbücken – der grazile lange arm

dem suchen des austernfischers

flinker noch

als die smaragdgrünen eidechsen

huschen ihre augen

von einer schatzkammer

zur nächsten

ihre hände wie diebische elstern

wählen

aus

milliarden muschelwundern

nur die besonderen

ich wünschte meine haut zu perlmutt

und legte mich ganz still in den sand

der tod des plastikbuddha

diese tragödie haben dir
mutter und vater
ins stammhirn geschrieben

so erzwungen
inszenierst du wieder und wieder
immer den selben akt
vergeblich erlösung suchend
bis zum orgasmus

tauscht nur
männliche hauptrolle und kulissen
fakejugendstilgrün
naivnachberlinviolett
großflächigpostkartenklimtgold

das verspricht immerhin

abwechslung auf zeit

unter

bewußt

sein

ich fürchte

die tiktok-hexe

mit den aufgeklebten

schwarzen acrylnägeln,

mit ihrer runengravierten

hundekieferhalskette

und den aus fantasyromanen

geklauten zaubersprüchen

wird dich mit ihren manifestationen

nicht retten

geständnis:

ich erschlug den vintageorangen buddha

mit der salzkristalllampe

fabelhafter befund

dein schmerzender rücken

ich verdächtige
pfau, ziege und löwe
der verschwörung

die haben dir alles
hinten drauf
gepackt

was hätte sein
können dürfen müssen
das hexenhaus
das blaue pferd
die goldene frau im wilden garten

die toten

und die lebenden monster

die spindel

und den goldenen ring

allein kannst du die last nicht tragen

und den sack nicht abnehmen

schade,

den fuchs hast du verbannt

ermahnung

aus den hallen

unter dem schlaf

unter dem wort

richtet das urteil

das verlorene

hin

und wieder

auf

wie

die frucht will

gefressen sein

um den samen

zu streuen

unter dem wort

unter dem schlaf

das verlorene

lassen

sie

ihr gepäck

nicht

ohne aufsicht

hin und wieder

hallt

das wort

wie der wolf

wandert

unter dem schlaf

zu einem

anderen traum

vor dem winter

ein blatt fällt

leise

nirgendwo

ist sicher

definiert

ein loch

durch die grenzen

der abwesenheit

aus

tiefen

wurzelt

dunkel hinein

V.

Wer die Wahrheit nicht weiß, der ist bloß
ein Dummkopf. Aber wer sie weiß und
sie eine Lüge nennt, der ist ein
Verbrecher.
Bertolt Brecht

jenseits

lange zuvor

waren wir sternenstaub

äonen entfernt

eure götter kamen zu spät

denn

es war schon licht

elemente gezeugt in sonnen

auf unzähligen planeten

wasser vom land geschieden

leben milliarden jahre alt

und nirgendwo eine hölle

und keine himmel

härte

der mairegen zieht rutenstriemen

über die trompetenfassaden

du könntest blut lecken,

salz streuen wollen

alle schaufenster

ein zungenkuss mit piranha

auf stelzen über pfützen

fressen sie den staub in seitenstraßen

hier trägt die hoffnung glasaugen

in kleinen rechtecken,

dosenbier im großpack

oder härteres gift

die stadt schachtelt sich

in den winkeln der hinterhöfe

ihre wahrheit zurecht

niemand vergibt den schuldnern

lügenmärchen

nicht für jeden der alles gibt
fallen die taler vom himmel
leuchten die sternschnuppen
ist alles linnen von reinem weiß

kinderglaube,
danach grabtücher zu hüllen
die todwunden herzen

moloch

Kronos-Baal heißt heute konsum

dem opfert ihr eure kinder

wir lehren nicht das teilen

nur die maximierung des gewinns

ist das gift des immermehr

erst im saft des seelenbaums

ist die ernte verdorben

Deutschland im dunkel

wenn der hass dirigiert

brüllen die kleingeister im chor

den braunen dämon hervor

der singt das alte lied

vom sündenbock

- das hat die dummheit

der ohnmacht im dunkel komponiert -

singt vom sündenbock,

von heimatstolz und neid und

der guten alten zeit,

und brüllt in seinem braunen rock:

manipulation und lügenpresse,

wer anders denkt, kriegt auf die fresse

wir sind das volk, das volk sind wir

sind wir erst dran, dann weg mit dir

wenn der hass dirigiert

dann wird wieder marschiert,

fremder, nimm dich in acht,

in deutschland

wird's wieder nacht

blick hinauf

schultert der berg

den wald in den himmel,

wurzelt der wald

dem berg einen mantel

schmückt sich der berg

mit weißer krone,

bewahrt ihm das eis einen kühlen kopf

schmilzt das eis, bricht der fels,

stirbt der wald, fällt der berg,

versiegen die ströme

blick hinab,

das tal ein abgrund

und immer noch schüren sie die feuer

wettervorhersage

wie regen müssen wir werden,

alles durchtränken,

uns zusammenströmen,

den fluss gebären,

den fels schleifen,

den sand tragen,

die brunnen füllen,

die feuer löschen

wir wollen regen werden,

die honigsonne den bogen spannen,

den wirbelwind stürmen

und uns wieder

und wieder

empor tragen lassen,

morgentau auf wiesen

und schnee über der saat sein,

wie regen müssen wir werden

zusammenhang

friedfertig werden

wir nur in der wahrheit

im ausbeuten, in der sklaverei,

in der tyrannei, im unrecht,

im hass

auf den fahnen, in den schlagworten,

in den parolen

ist keine wahrheit

unverbunden bleibt

ohne ringen

um das verstehen,

um das aufdecken der lügen,

um das heilen der opfer,

und die sühne der täter,

um das verbinden

und das verbindende wort

der zusammenhang

von wahrheit und friede

(die lüge ist simpel, das wahrhaft

verbindende wort ist schwierig, wer je

versucht mit einem vers danach zu

tasten, weiß, einfacher ist es mit

verbundenen augen durch eine

dornenhecke zu gehen)

uns verbindet

eine wahrheit

nur eine

von der wir

buchstabieren

und zusammenhängen

und urteilen

und recht sprechen

und leben und lieben

alle anderen,

alle

menschen sind frei und gleich

an würde und rechten geboren

friedfertig werden wir

nur in der wahrheit der würde

aussichten von der Nürnberger Burg

wenn dein auge sich löst

von dächern und türmen

und hinwandert

zum wahnmal der entmenschlichung

zu den ruinen der faschistentempel

im Nürnberger süden,

besucher, dann denke daran,

zwischen hier und den hingebauten

alpträumen am horzont

wurden hingemordet

mit fünfzehn schüssen:

der blumenhändler Enver

im jahr 2000,

der schneider Abdurrahim
im jahr 2001,
der imbisskoch Ismail
im jahr 2005

der rassenwahn und
und seine volkstrecker
marschieren

marschieren immer zu
hakenkreuze im herzen
hassfackeln, die wandern
von einer hand zur andern

besucher, erinnere dich
an die opfer von Nürnberg
wenn sie wieder schwadronieren

von heimatstolz

und deutscher tugend,

und den mördern salutieren:

mit einem "wir sind das volk"

gewidmet den drei in Nürnberg

ermordeten Opfern des NSU

Enver Şimşek

Abdurrahim Özüdoğru

İsmail Yaşar

auserkoren

- der aura-slam -

du bist so gläubig unverfroren,

ungeschoren selbstverschworen,

ja, du bist wirklich auserkoren,

hochsensibel schon geboren,

fernen sternen, dunklen mächten

wesenskernen, engelsnächten,

heilkristallen tief verfallen,

und am himmel böse streifen,

die deine energie angreifen,

da hilft nur die parallele

einzig wahre doppelseele

karma wird mal aufsummiert,

auch subtrahiert ganz ungeniert

beziehungsglück manifestiert,

und wenn's nicht klappt -hurra-

ist die tiktok-hexe da!

(klick herz und manifestier':

sieben, sieben, sieben

in whatsapp: kontakt vier,

wird dich sicher lieben)

fakten sind zum besserwissen,

du schläfst nur auf aurakissen

wissenschaft manipuliert,

bist von allen schlecht regiert,

dem youtube-guru wird vertraut
regierung hat nur mist gebaut -
die sind eh fremd kontrolliert,
von Bill Gates ganz korrumpiert

weg mit all' dem medienmist,
fakten sind für unerweckte
wichtig ist das tief versteckte,
und dass die antwort einfach ist.

was hat dich dort hingezogen?
klar, es wird schon viel gelogen,
bist nie richtig angekommen,
hast dich niemals frei geschwommen,

warst enttäuscht und abgehängt,

und eine botschaft die verfängt:

hier bist du nicht mehr verloren,

bist esoterisch auserkoren

abgeschreckt vom kompliziert,

selbstoptimiert verstand blockiert,

vernunft storniert,

und am ende resultiert:

demokratie verliert

demokratie verliert

so ungeniert borniert,

denn du hast dich liiert

mit

was liebe imitiert

und hass ins herz portiert

blaue feder

(lange schon gab's ein Gedicht,
viele kennen's leider nicht
singt ein blaues vogellied,
traurigschön am himmel zieht)

so viele auch vorüber gingen
schreiend ihre lieder singen
wasserträger, wolkenjäger,
die auf großem fuß
und die ohne gruß
die samenfinder
mit und ohne kinder
herzensbrecher, treue seelen,
fassanstecher, die jetzt fehlen

so viele auch darüber stiegen
die, die immer blutig siegen
erbsenzähler und charmeure
protestwähler, ingenieure
porzellanladenelefanten
hasskommentarsekundanten
unbeirrte straßenkehrer
stark verwirrte yogalehrer

so viele sie nicht sehen wollten
und nur ihre krägen rollten
halsabschneider, aktionäre
anteilseigner, millionäre
kriegsgewinnler fetter beute
und die duldend schweigend meute

keiner sah die feder fliegen,
niemand sah sie funkelnd liegen
gänzlich blieb sie unbeachtet,
und vom winde unverfrachtet

wie konnt' ich sie trotzdem finden?
verse heilen - manchen blinden
ich steck' das blau dir in dein haar
denn hoffnung bist du ganz und gar

deutsches wesen

vieler deutscher lieblingstier

ist nicht hund noch katze

nur ein sündenbock

erheitert ihre fratze

dürstend

wir laufen schattenwege,

meiden freies feld

vor dem sengenden ansturm

der sonnenglut fliehend

steigt das meer in die flüsse,

kastriert die äcker,

asche weht vom wald heran

nach was dürstet uns

nachts holt der drache atem,

du liegst unbequem,

zum zerreißen angespannt,

aufgespannt die haut,

zwischen armen und reichen,

wohin du auch gehen könntest,

von innen fressen braune maden

wir laufen schattenwege,

nah an den lügen,

wer zähmt den feuerdrachen,

treibt die maden aus,

für wen gehst du zum brunnen,

nach was dürstet uns

Bonusgedicht für die praktische

Anwendung bei Mäuseplage:

Maus muss weg

Bei der großen Tigerkatze!

Mit der schnellen Krallentatze!

Hört ihr mich?

Ihr Nagerpack!

In dem alten grauen Frack!

Hier wird nicht mehr rumgebissen,

Nest gebaut aus meinen Kissen!

Brot gestohlen, Käsediebe!

Mach euch weg, sonst setzt es Hiebe!

Dreimal ruf ich ins Versteck:

Mus es mori!

Dann seid ihr alle weg!

Mein besonderer Dank gilt

Atischeh Braun, Claudia Kucharski,

Helin Khaled, Reiner Kunze,

Michaela Schönlein, Julia Tewocht, Georg Zindl und dem

Team des Ballazzo Brozzi, ohne die vieles unmöglich

gewesen wäre.